© 2021 Connor Boyack
Alle Rechte vorbehalten.

ISBN 978-1-943521-73-9

Die Tuttle-Zwillinge und der gefährliche Leviathan

Covergestaltung: Elijah Stanfield
Herausgeber und Satz: Connor Boyack
Deutsche Übersetzung: Max Remke
Lektorat: Annika Hundt und Enno Samp

Gedruckt bei flyerheaven.de

DIE TUTTLE-ZWILLINGE
— und der —
GEFÄHRLICHE LEVIATHAN

Allen, die furchtlos die Wahrheit aussprechen.

Wenn die Welt jemals Helden brauchte, dann genau euch und genau jetzt.

Es war ein ruhiger Samstagmorgen und auf der Hauptstraße herrschte noch wenig Verkehr. Ein paar Kunden waren schon unterwegs und schlenderten von Laden zu Laden.

Vor *Endlose Abenteuer* aber standen die Fahrräder dicht gedrängt. Drinnen war es laut und lebhaft. Das neue Fantasy-Rollenspiel *Team of Heroes* hatte viele Menschen in den Laden gelockt.

An den Spieltischen herrschte ausgelassene Stimmung. Zahllose Kinder, Jugendliche und sogar einige Erwachsene spielten mit Begeisterung.

Das neue Spiel machte regelrecht süchtig. Es gab zahlreiche Anreize, um die Aufmerksamkeit der Spieler immer wieder aufs Neue zu fesseln. Erfolgreiche Aufgaben wurden mit neuen Levelmünzen belohnt, die gegen Power-Booster zum Aufrüsten der Helden eingetauscht werden konnten.

Auch Ethan und Emily hatten sich ein Starterset Karten gekauft. Ebenso wie ihre Freunde: Tashi, Aaron und Brooklyn. Damit waren sie genug, um ein eigenes Team zu bilden.

„Hallihallo", begrüßte sie der Ladeninhaber Mike fröhlich. „Wer hat Lust auf mein ganz neues Abenteuer? Habe ich mir extra für euch ausgedacht."

Alle blickten erwartungsvoll zu Mike, der stolz *Das Leviathan-Abenteuer* auf den Tisch legte. „Was ist das?", fragte Brooklyn neugierig.

„Das werdet ihr noch früh genug sehen", lachte Mike. „Aber eines verrate ich euch." Er senkte verschwörerisch die Stimme: „Es geht in diesem Abenteuer nicht nur um Kampf und Magie, sondern auch um Strategie, Teamwork und Vorstellungskraft."

Natürlich wollten alle das Abenteuer sofort ausprobieren. Zwei Stunden lang begaben sie sich auf Erkundungstour. Ethans Oger hatte einen goldenen Handschuh und eine mächtige Streitaxt. Emilys Charakter namens Libertas verfügte über das Schwert der Wahrheit und das Schild der Tugend. „Nimm das!", rief Ethan, wenn er gut gewürfelt hatte und mit seinem Oger erfolgreich zuschlagen konnte.

Bei ihren Freunden gab es noch einen Elementarmagier, einen Bogenschützen und Aarons Erfinder, der in einem silbernen Raumanzug steckte. Zusammen waren sie ein sehr starkes Team.

„Hier sind eure Levelmünzen", belohnte Mike die tapfere Truppe für ihre ersten Erfolge. „Aber Vorsicht, es droht schon eine neue Gefahr!"

Natürlich rüsteten sich die Kinder dafür, indem sie neue Kartensets kauften. Stolz zeigten sie ihre neuen Waffen und Fähigkeiten. Emily hatte sogar eine besondere goldene Karte: Der Götze Leviathan.

„Die klingt aber wirklich mächtig!", staunte Aaron über die glänzende Karte. „Unser Spiel heißt ja auch 'Das Leviathan-Abenteuer', da hilft die uns sicher."

„Hilfe werdet ihr auch brauchen ...", fiel Mike bedrohlich ein und stellte eine weitere Figur auf das Spielfeld: „DemaGog, die Herrin der Krise, hetzt ihre Horden auf das Dorf. Alle an die Waffen!"

Sofort begann die Heldengruppe den Kampf mit den Unholden, um ihr Dorf zu verteidigen.

„Oh, oh! Ich habe eine Zwölf gewürfelt", sagte Mike. „DemaGog benutzt jetzt ihren Zauber der Verwirrung, um die Dorfbewohner gegen euch aufzuhetzen."

Emily staunte nicht schlecht, was diese DemaGog alles konnte.

„Hey, Moment", warf Tashi ein. „Müssen wir jetzt auch gegen die Dorfbewohner kämpfen?" Alle Kinder begannen sich jetzt Sorgen zu machen, dass sie verlieren könnten. Hatten sie etwas übersehen?

„Ich werde meine Leviathan-Karte benutzen", erklärte Emily plötzlich entschlossen. Dann las sie vor, was auf der Karte stand: „Wenn wir alle unsere Ausrüstung und Fähigkeiten opfern, dann bekommt der Leviathan die gesammelte Energie und kann damit jede Krise stoppen. Einzige Bedingung: Die Spieler müssen mehrheitlich dafür abstimmen."

„Dafür", antworteten die anderen sofort wie aus einem Munde.

Emily würfelte: Eine Zehn. Genug, um DemaGogs Verwirrungszauber zu brechen und die Horde zu vertreiben. „Wir sind gerettet", freute sich Ethan erleichtert.

„Wie viele Levelmünzen kriegen wir diesmal für unseren Sieg?", fragte Emily begierig.

„Naja, der einzigartige Effekt des Leviathans ist, dass nur er beim Sieg auflevelt, aber nicht ihr, die einzelnen Spieler", erklärte Mike die Kehrseite der mächtigen, goldenen Karten.

„Sollten wir denn den Leviathan nicht einfach immer benutzen, wenn er jede Krise besiegen kann?", überlegte Ethan.

„Niemals eine Krise ungenutzt lassen, was?", grinste Mike geheimnisvoll und gab Emily die vorerst besiegte DemaGog-Figur als Belohnung mit. Dann schwangen sich die Zwillinge auf ihre Fahrräder und fuhren nach Hause.

Sie waren noch ganz in Gedanken an ihren großen Sieg. Daher bemerkten sie die vielen neuen Schilder gar nicht, die überall in den Läden hingen.

„Hallo, Dad!", rief Emily schon von Weitem, als sie ihren Vater im Vorgarten sah. Der wirkte noch etwas verschlafen, hatte er doch gestern bis spät in die Nacht gearbeitet.

Auch gerade schien er wieder auf dem Sprung zur Arbeit zu sein.

„Musst du jetzt auch samstags arbeiten?", ärgerte sich Ethan.

„Krisensitzung", antwortete Mr. Tuttle gedrückt. „Es müssen Leute entlassen werden, damit das Unternehmen nicht bankrott geht."

Ethan fragte sich, ob die Probleme bei der Firma seines Vaters die gleichen waren wie bei den vielen Geschäften in der Stadt. „Stimmt etwas mit der Wirtschaft nicht?", fragte er.

„Ganz und gar nicht", antwortete sein Vater finster. „Wollt ihr mitkommen? Dann erklär ich euch das während der Fahrt."

Neugierig stiegen die Zwillinge ein und fuhren zusammen mit Mr. Tuttle Richtung Büro.

„Gerade passieren sehr viele verrückte Sachen", erzählte Mr. Tuttle, während er fuhr, „und die Leute haben Angst. Sie wissen nicht, was als nächstes passieren wird. Daher riskieren sie auch nicht, ihr Geld zu investieren. Zumindest nicht bis die Zukunft wieder etwas klarer ist."

„Stellt euch vor, ihr erkundet ein unerforschtes Land", fügte er hinzu. „Wenn das Wetter klar ist, könnte ihr genau erkennen, in welche Richtung ihr am besten gehen solltet. Aber bei dichtem Nebel ist kein sicherer Weg zu sehen."

„Also wollen die Leute ihr Geld nicht ausgeben und dadurch verdienen auch die Geschäfte nichts im Moment", folgerte Emily.

„Und das heißt, die Unternehmen produzieren weniger, um es in den Geschäften zu verkaufen", ergänzte Ethan.

„Genau. Das nennt man *Rezession*", sagte Mr. Tuttle. „Aber gleichzeitig kann das den Leuten auch die Zeit geben, gut darüber nachzudenken, wofür sie ihr Geld eigentlich ausgeben wollen."

Im Radio begann plötzlich eine Werbung für die Präsidentschaftskandidatin Bernadine Bärbeck.

„In schweren Zeiten wie diesen müssen wir Leute wählen, die wirklich einen guten Plan für die Zukunft haben", sagte Bärbeck. „Ich werde die Wirtschaft in Schwung bringen, indem ich Zuschüsse für alle verteile. Dann braucht niemand mehr Angst um seinen Job haben. Wählt mich und …"

Mr. Tuttle stellt das Radio schnell aus. „Diese Politiker versprechen alles Mögliche", ärgerte er sich. „Dabei sind sie nichts als Demagogen."

Die Zwillinge warfen sich fragende Blicke zu: „Hast du gerade DemaGog gesagt?", wunderte sich Emily.

„Ein Demagoge ist eine Person, die Macht über andere will, und dazu deren Emotionen ausbeutet. Vor allem ihre Angst", erklärte Mr. Tuttle. „Viele haben gerade große Angst, ihre Arbeit zu verlieren. Die Politiker wollen diese starke Angst ausnutzen, um selbst noch mächtiger zu werden."

„Niemals eine Krise ungenutzt lassen …", überlegte Ethan und erinnerte sich an Mikes Worte, als sie DemaGog mit dem Leviathan besiegt hatten.

„Das kann doch kein Zufall sein, oder?"

Auch Emily betrachtete nachdenklich die DemaGog-Figur in ihren Händen. „Aber wenn Zuschüsse helfen, dass Leute nicht ihre Jobs verlieren, ist das doch gut, oder? Könnte das nicht auch deinem Unternehmen helfen, Dad?", fragte Ethan.

„Würdest du ein Medikament nehmen, das schlimmer als die Krankheit ist?", fragte Mr. Tuttle zurück. „Es wird immer Krisen geben. Rezessionen, Naturkatastrophen, gefährliche Krankheiten und Viren. Aber die Menschen müssen trotzdem die Freiheit haben, selbst zu entscheiden.

Genau diese freie Entscheidung wollen uns die Demagogen nehmen. Sie wollen die Macht, für uns zu entscheiden – ohne uns zu fragen!

Denkt an das unentdeckte Land im Nebel. Die Demagogen führen uns alle genau da hinein. Aber sie kennen den Weg auch nicht und das schafft nur neue Probleme. Aber die ignoranten Leute fallen immer wieder auf diese Lügen herein", schloss Mr. Tuttle traurig.

„Wer nicht aus Fehlern lernt, ist dazu verdammt, sie immer wieder zu machen ...", erinnerte sich Emily an die Worte ihrer Großmutter.

„Die Versprechen, die Politiker wie Bärbeck machen, sind wie ein trojanisches Pferd", erläuterte Mr. Tuttle. „Kennt ihr die Geschichte?"

Ethan, der viele Bücher las, begann zu erzählen: „Es war Krieg zwischen den Griechen und der Stadt Troja. Die Griechen bauten ein großes Holzpferd, in dessen Bauch sie ihre besten Soldaten versteckten. Dann taten sie so, als würden sie aufgeben und segelten dem Anschein nach ab.

Die Trojaner sahen das Pferd als Zeichen ihres Sieges und zogen es in ihre Stadt. Doch kaum war es dunkel, kletterten die Soldaten aus dem Bauch des Pferdes. Sie öffneten die unbezwingbaren Tore und die zurückgekehrte griechische Armee konnte Troja erobern."

„Sehr richtig", lobte Mr. Tuttle. „Wenn jemand so tut, als würde er uns etwas Gutes wollen, uns aber in Wahrheit schaden will, dann nennen wir das ein trojanisches Pferd."

Mit diesen Worten hielt er mit dem Wagen auf dem Parkplatz seiner Firma. Ethan sah direkt gegenüber ein leeres Geschäft, wo noch vor wenigen Wochen ein Restaurant gewesen war.

Während Mr. Tuttle zu seiner Krisensitzung eilte, blieben die Zwillinge bei seiner Sekretärin Mary. Als sie dabei waren, belegte Brötchen zu essen, nahm Ethan eine herumliegende Zeitung. „Dass die Leute das immer noch lesen …", wunderte er sich, während er durch die Seiten blätterte.

„Bänker fordert Zuschüsse von der Regierung" war die oberste Schlagzeile. Danach kamen viele Geschichten über bankrotte Unternehmen und über wütende Proteste.

Überall wollten die Leute mehr Macht für die Politiker und Fördergelder von der Regierung. „Die

Menschen benehmen sich wie Kinder", sagte Mary bedrückt und deutete auf die Zeitung.

Sie sah Emilys fragenden Blick, also erklärte sie: „Naja, früher fanden die Leute es gut, selbst verantwortlich zu sein und ihre Probleme selbst zu lösen. Heute rufen sie bei dem kleinsten Problem nach Politikern, die dann für sie alle Probleme lösen sollen. Als wären sie keine Erwachsenen mehr, sondern Kinder." Sie lachte entschuldigend und sagte: „War nicht als Beleidigung gemeint."

„So eine Politikerin zum Beispiel", stellte Ethan fest, und zeigte auf das Foto von Bärbeck.

„Wie alle Politiker liebt sie Probleme", sagte Mary. „Wenn sie versucht, diese zu lösen, bekommt sie selbst dadurch mehr Macht. Deshalb liebt sie auch die Angst der Menschen. Und sie betreibt selbst Angstmacherei, um die Angst der Leute noch größer zu machen. Kein Wunder, dass der Leviathan so groß geworden ist." „Der Leviathan?", fragten die Zwillinge überrascht und mussten an ihr Spiel denken.

„Der Leviathan war ein mythisches Monster, das immer nur größer geworden ist", klärte Mary sie auf. „Deshalb ist es ein Spitzname für den Staat, weil auch dieser immer nur größer wird."

Als Mary bemerkte, wie gebannt die Zwillinge an ihren Lippen hingen, fuhr sie fort.

„Vor hundert Jahren hatten wir schon einmal eine große Rezession der Wirtschaft, so ähnlich wie heute. In Amerika wollten die Leute, dass der damalige Präsident Hoover die ganze Wirtschaft kontrolliert, um die Rezession zu stoppen.

Aber Hoover warnte sie: ‚Alle kollektivistischen Revolutionen haben immer eine Krise als trojanisches Pferd benutzt.'"

„Das verstehen wir", sagte Ethan. „In einer Krise kann man uns heimtückisch die Freiheit nehmen – wie bei einem trojanischen Pferd."

„Aber Hoover gab schließlich nach und begann, die Wirtschaft zu kontrollieren", fuhr Mary fort. „Dadurch wurde die Rezession so schlimm, dass man sie sogar als Depression bezeichnete."

„Hat Hoover dann damit aufgehört?", fragte Emily. „Leider nein", seufzte Mary. „Es ist wie beim Leviathan. Die Regierung wird niemals kleiner. Sie wird nur größer, egal was passiert.

Es war sogar so, dass die meisten Menschen sich noch mehr staatliche Kontrolle wünschten. Also wählten sie den Demagogen Franklin Roosevelt als seinen Nachfolger, denn dieser versprach ihnen noch mehr staatliche Lenkung der Wirtschaft.

Fast alles wurde jetzt von der Regierung gesteuert. Wie viel Getreide die Bauern anbauen durften, wie hoch die Preise in den Geschäften sein durften und wie viel die Menschen für ihre Arbeit verdienen sollten. Schließlich wurde es auch noch verboten, Gold zu besitzen. Geholfen hat diese Befehlspolitik natürlich nicht. Für viele Jahre wurde alles noch schlimmer. Und dann kam der Zweite Weltkrieg."

„Was die Nazi-Regierung gemacht hat, haben wir bei unserer Reise nach Deutschland gelernt. Der Weltkrieg war wirklich eine besonders schreckliche Krise", erinnerte sich Ethan.

„Das stimmt", pflichtete ihm Mary bei. „Im Krieg wächst der Leviathan immer am schnellsten, weil die Menschen dann am meisten Angst haben. Und das ist für die Politiker von Vorteil. Niemals eine Krise ungenutzt …" „… verstreichen lassen", vervollständigte Emily den Satz.

„Es gibt so viele Beispiele dafür", sagte Mary traurig. „Nach einem Anschlag von Terroristen hat sich die Regierung die Macht geholt, all unsere privaten Nachrichten zu speichern und mitzulesen. Und als ein gefährlicher Virus ausgebrochen war, hat die Regierung uns verboten, unsere Freunde zu treffen, die Geschäfte zu öffnen oder gemeinsam zu singen."

„Der Leviathan ist heute also größer als jemals zuvor", seufzte sie missmutig.

„Aber … wenn der Leviathan niemals kleiner wird – wird er dann nicht irgendwann alles beherrschen?", fragte Ethan entsetzt.

„Wir sind nicht wichtig?", unterbrach ein wütender Ruf aus dem Nebenraum ihr Gespräch. Tom, der Geschäftspartner ihres Vaters, war hörbar erbost. Laut genug, dass die Zwillinge mithören konnten. Tom hätte auch gerne Zuschüsse von der Regierung bekommen. Aber laut der Webseite der Regierung war ihre Firma dafür nicht wichtig genug.

„Ist doch besser so", beruhigte Mr. Tuttle ihn. „Ehrlich gesagt, mache ich mir mehr Sorgen um unsere Freiheit als um das Unternehmen. Wenn wir alle so viel Angst haben, nutzen die Politiker das, um uns noch mehr zu kontrollieren."

SELBSTVERANTWORTUNG

„Deine Überzeugungen sind wirklich bewundernswert", antwortete Tom. „Aber ich wähle Bärbeck. Ihre Politik wird die Wirtschaft wieder ins Laufen bringen. Wir können die Zuschüsse genauso gut gebrauchen wie unsere Angestellten."

„Es ist aber nicht die Aufgabe von Politikern, unsere Jobs und unsere Firma zu retten", erwiderte Mr. Tuttle. „Das können nur wir selbst. Wir wissen auch viel besser, was zu tun ist, als irgendwelche Politiker, die noch nie ein Unternehmen geführt haben."

„Dann sag du aber Rebecca, dass wir ihr kündigen müssen, weil wir keine Zuschüsse kriegen", schnauzte Tom, ehe er wütend aus dem Büro stürmte.

STAATSHILFEN

Mr. Tuttles Blick fiel auf die aufgeschlagene Zeitung mit dem Foto von Bärbeck. Wütend knüllte er sie zusammen und warf sie in den Müll.

„Alles OK mit dem Geschäft?", fragte Emily besorgt.

„Das wird schon", antwortete Mr. Tuttle traurig und ging in sein Büro, um Rebecca anzurufen.

Rebecca war noch ziemlich neu in der Firma. Die Zwillinge mochten sie sehr gerne. Schweigend hörten sie zu, wie Mr. Tuttle ihr erklärte, dass er sie entlassen musste. Man sah, wie schwer ihm das fiel.

„Warum nur haben wir keine Zuschüsse gekriegt? Das hätte meinen Job gerettet", hörten sie Rebecca am anderen Ende der Leitung weinen.

„Rebecca, hör bitte zu", sagte Mr. Tuttle mit fester Stimme. „Es mag gerade schlimm aussehen und natürlich hast du Angst, was jetzt wird. Aber glaube mir, du bist fleißig und schlau und wirst bald einen neuen Job finden. Ich bin fest davon überzeugt."

Als sie danach wieder im Auto saßen und nach Hause fuhren, war die Stimmung gedrückt. Mr. Tuttle war schweigsam und nachdenklich.

Ethan starrte aus dem Fenster und Emily lenkte sich ab, indem sie durch ihre Team of Heroes-Karten blätterte. Sie hielt inne, als sie bei der „Schwert der Wahrheit"-Karte angelangt war. Wie diese Karte ihr wohl helfen konnte, den übermächtigen Leviathan zu besiegen?

Noch immer überschlugen sich die Gespräche des Tages in ihrem Kopf. War die Wahrheit nicht das Wichtigste, um Demagogen zu besiegen? Die Wahrheit über die Geschichte, über die ganzen trojanischen Pferde, die Politiker benutzt hatten, um an die Macht zu kommen? Die Wahrheit über den stets wachsenden Leviathan?

„Woran denkst du?", fragte Ethan und löste den Blick von den vorbeiziehenden Bäumen. „Ich glaube, wir haben einen Fehler gemacht, als wir den Leviathan eingesetzt haben. Einen großen Fehler", antwortete Emily nachdenklich.

Mochten andere Geschäfte auch bankrott gehen, *Endlose Abenteuer* war wieder voller Kunden.

„Wer hätte gedacht, dass Comicbücher und Kartenspiele in der Krise so gefragt sind?", wunderte sich Ethan, als er sich zu seinen Teammitgliedern setzte.

Da erschien auch schon wieder der stets gut gelaunte Mike: „Bereit für die nächste Herausforderung, ihr Helden?"

Eine Woche war vergangen, seit Emily erstmals an ihrer Leviathan-Karte gezweifelt hatte. Jetzt hatte sie eine neue Strategie.

Das Team der Zwillinge spielte diesmal viel besser. Sie waren viel kreativer und selbstsicherer und nutzten ihre verschiedenen Fähigkeiten geschickt, um zusammen zu gewinnen. Ethan und Emily hatten sich natürlich abgesprochen und sie hatten einen Plan.

Sie wollten so angstfrei und sicher spielen wie irgend möglich. Ihre Teamkameraden sollten sehen, dass sie jede Krise auch selbst lösen konnten. Ganz ohne die Hilfe des Leviathans. Selbst, wenn die mächtige DemaGog erneut auftauchen sollte.

„DemaGog erschüttert die Erde mit Erdbeben, loderndem Feuer und Flutwellen", verkündete Mike bedrohlich und würfelte.

„Oh, nein! Das kriegen wir nur mit dem Leviathan in den Griff!", rief Aaron erschrocken aus.

„Ganz ruhig", entgegnete Emily selbstsicher. „Das schaffen wir auch allein. Brooklyns Elementarmagier hat Macht über die Elemente und wir können ihm helfen. Dann leveln wir auf und nicht der Leviathan."

„Der Leviathan ist eine Falle", unterstützte sie Ethan, „ein trojanisches Pferd." Doch es half nichts. Die anderen im Team hatten zu viel Angst, besiegt zu werden.

Als alle abstimmten, verloren Emily und Ethan. Erneut kam der Leviathan zum Einsatz, besiegte DemaGog und levelte auf.

Die gleiche Situation wiederholte sich mehrfach in der nächsten Stunde. Jedes Mal, wenn DemaGog eine neue Krise auslöste, geriet das Team in Panik und überstimmte Ethan und Emily. Immer wieder wurde der Leviathan benutzt und wurde stärker und stärker.

„Ihr erreicht das Monstermeer, wo euch die letzte und größte Herausforderung erwartet", erläuterte Mike die Szene.

„Oh je, noch eine Krise?", fragte Brooklyn nervös. Alle waren gespannt und aufgeregt, was sie beim Monstermeer erwarten würde.

„Aus den Untiefen des Meeres erhebt sich das mächtigste Monster", erhöhte Mike die Spannung: „Der Leviathan!" Mit diesen Worten stellte er die größte und furchterregendste Figur auf den Tisch, die sie je gesehen hatten.

„Wie mächtig ist der Leviathan?", fragte Tashi verängstigt. „Er ist genauso stark, wie ihr ihn im Laufe des Spiels gemacht habt. Meisterstärke, Level 40", antwortete Mike. „DemaGog fordert, dass ihr euch dem Leviathan unterwerft!"

„Ich hab's euch ja gesagt", rief Emily wütend. „Und wir haben jetzt nur Level 8."

„Aber eines ist sicher", sagte Ethan und erhob sich von seinem Stuhl: „Wahre Helden beugen sich niemals dem Leviathan!"

„Wir stecken in der Patsche, weil wir wohl die Regeln des Spiels nicht richtig verstanden hatten", sagte Ethan. „Und wir müssen auch unsere Feinde verstehen! Die sind nur durch unsere Angst so groß geworden."

„Aus Angst und Unwissenheit haben wir den Leviathan immer stärker gemacht", sagte Emily. „Aber es gibt bestimmt eine Lösung. Wie wäre es mit einer Kombination aus dem Schwert der Wahrheit und der Fackel der Aufklärung?"

„Das könnte funktionieren", flüsterte Aaron. „Vor allem, wenn wir alle uns zusammentun, um dir Deckung zu geben." Stolz spielte Emily ihre Karten aus. Das Schwert der Wahrheit wurde nun durch die Fackel der Aufklärung verstärkt.

Mike beschrieb das Ergebnis: Das Schwert der Wahrheit strahlte hell wie ein Blitz. DemaGogs Zauber verloren im hellen Licht der Wahrheit all ihre Macht. Der Leviathan wurde geblendet und löste sich dann vollkommen auf – als wäre er nur eine Einbildung gewesen.

Ihre Strategie hatte funktioniert! Alle im Team waren nun angstfrei und voller Selbstvertrauen in ihre eigenen Fähigkeiten.

Beim Abendessen dann mussten die Zwillinge natürlich all das ihren Eltern berichten.

„Ihr habt also gelernt, wie man einen angeblichen Leviathan zu Fall bringt", resümierte Mr. Tuttle und seufzte dann. „Wenn es im echten Leben nur auch so leicht wäre."

„Es war gar nicht leicht", sagte Ethan mit vollem Mund. „Alle waren ja so ängstlich, dass sie nicht mehr richtig nachgedacht haben. Und so haben sie selbst ihren Feind erst stark gemacht."

„Darum ist die Wahrheit so mächtig", überlegte Emily. „Wenn die Leute die Geschichte kennen würden, dann würdan sie den Staat nicht immer mächtiger machen. Sie würden ihre Probleme selbst lösen, statt blind den Politikern zu vertrauen."

Ein lange Diskussion begann. Alle überlegten, warum die Leute so blind für die Gefahren des realen Leviathans waren. Die Zwillinge fassten schließlich den Entschluss, einen Leserbrief an die Zeitung zu schreiben.

„Diese Zeitung hat vor einigen Woche den Brief eines Bänkers abgedruckt. Seine Forderung war: Wir müssen den Politikern mehr vertrauen, damit sie die Wirtschaftskrise lösen. Das ist falsch."

Emilys und Ethans Brief begann selbstbewusst. Sie wussten schließlich beide, wie wichtig es war, Ignoranz und Angst zu bekämpfen.

„Politiker mögen Krisen, denn dann können sie so tun, als hätten sie eine Lösung. Aber ihre sogenannten Lösungen führen nur zu noch mehr Krisen." Natürlich hatte ihnen Mr. Tuttle beim Schreiben des Briefes ein wenig unter die Arme gegriffen. Jedes Wort sollte schließlich klar und verständlich sein.

Aber auch die Zwillinge hatten lange an ihrem Brief gearbeitet. So hatten sie zahlreiche Geschichtsbücher gelesen, um Beispiele zu finden. Beispiele, die zeigten, wie viel besser es war, wenn die Leute selbst ihre Probleme lösten, statt den Leviathan immer stärker zu machen.

Der Artikel schlug in der Stadt ein wie eine Bombe. Im Büro wurde Mr. Tuttle oft gefragt, ob der Artikel von seinen Kindern sei.

Ein paar Wochen nach ihrem Sieg über Leviathan saßen Emily und Ethan bei ihrem Vater im Büro. Dieser hatte eine zündende Idee gehabt, nachdem er gesehen hatte, wie viel Zuspruch der Leserbrief bekommen hatte.

Ein neuer Newsletter seiner Firma informierte über die Wirtschaftskrise und darüber, was jedermann selbst tun konnte, um besser und frei von Angst durch diese Zeit zu kommen. Auch die Zwillinge hatten mitgeholfen und sich Themen für den Newsletter überlegt. Von Emily kam der Vorschlag für den Namen des Newsletters: Schwert der Wahrheit.

„Schaut euch das an", winkte Tom sie zu seinem Computer herüber. Über 500 Menschen hatten den kostenpflichtigen Newsletter bereits bestellt und einige hatten noch weitere Beratung gebucht, um mit ihren Unternehmen noch erfolgreicher zu werden.

„Ich sage ja, man braucht keine Versprechen von Politikern und keine Subventionen vom Leviathan, wenn man die Wahrheit auf seiner Seite hat", freute sich Mr. Tuttle.

„Die ganze Wahrheit ist, dass es gar keinen wirklichen Leviathan gibt", schaltete sich Mary ein. „Denn der Staat sind am Ende auch nur viele einzelne Menschen. Und manche von ihnen wollen unbedingt andere Menschen beherrschen."

„Damit liegt es an uns allen. Haben wir Angst und flüchten uns in leere Versprechungen, oder ...", sagte Mr. Tuttle, als die Türklingel sie unterbrach.

„Rebecca?" Emily freute sich, die ehemalige Angestellte ihres Vaters zu sehen. „Hast du deinen Job zurück?"

„Nein", grinste Rebecca. „Ich habe einen noch besseren Job gefunden. Mary hat ihn mir empfohlen. Ich arbeite jetzt bei Mike im Comicladen. Mike und ich wollten Mary zum Dank dafür zum Essen einladen."

„Ich wusste, dass du es schaffst, Rebecca!", freute sich Mr. Tuttle über die gute Neuigkeit.

„Ich hatte solche Angst und dachte, nur die Politiker könnten meinen Job retten", gestand Rebecca. „Aber Mr. Tuttle hatte recht. Manchmal müssen wir erst auf Entdeckungsreise gehen, um den besten Weg für uns selbst zu finden."

Da kam auch Mike herein. „Hallo, ihr Helden", begrüßte er die Zwillinge zwinkernd. „Ich habe da ein Geschenk für Euch."

Dann zeigte er ihnen einen total echt aussehenden Oger-Helm und das Schwert der Wahrheit.

„Mit der Wahrheit gegen die Demagogen!", rief Emily triumphierend, als sie das Schwert hob.

„Euer Brief an die Zeitung war übrigens klasse", lobte Mike sie. „Also habe ich euch auch noch ein Buch gekauft. Damit könnt ihr noch mehr über den Leviathan lernen."

„Die Wahrheit macht uns frei", sagte Rebecca. „Überleg dir gut, worauf du dein Schwert richtest."

„Wollen wir los, Mutter?", fragte Mike Mary und legte seinen Arm über ihre Schulter. „Lass uns das neue Restaurant ausprobieren, das gegenüber aufgemacht hat."

„Mary ist deine Mutter, Mike?", fragten die Zwillinge erstaunt.

„Na, was dachtet ihr denn, wer mir wohl Rebecca empfohlen hat?", fragte Mike lachend. „Und jetzt wisst ihr auch, wer wirklich die Idee zu eurem Leviathan-Spiel hatte."

„Deshalb also hat sich das Spiel so echt angefühlt", staunte Emily.

Ende.

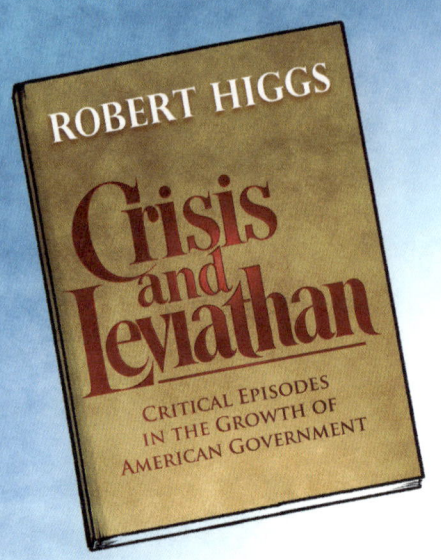

„Der Anfang aller politischen Weisheit ist diese Erkenntnis: Entgegen allem, was dir beigebracht wurde, ist die Regierung nicht auf deiner Seite. Vielmehr hat sie es auf dich abgesehen."

- Robert Higgs

Robert Higgs ist ein Wirtschaftswissenschaftler, der am libertären Thinktank „Independent Institute" in Oakland, Kalifornien, gelehrt hat. Er wurde mit zahlreichen Preisen für seine einflussreichen Bücher geehrt.

Eines dieser Bücher ist *Crisis and Leviathan*. Darin analysiert er die Geschichte der USA, um zu zeigen, wie die Regierung mit jeder Krise immer nur gewachsen ist und diese Macht nach dem Ende einer Krise nie wieder abgegeben hat.

Das Buch, das bisher noch nicht ins Deutsche übersetzt wurde, erklärt, warum sich die USA über die Jahrhunderte so weit vom Ideal der Freiheit entfernen konnten.

Der Autor

Connor Boyack ist Präsident des Libertas Institute, einer öffentlichen Denkfabrik in Utah (USA). Er hat mehrere Bücher über Politik und Religion geschrieben sowie hunderte von Artikeln, in denen er sich für die persönliche Freiheit einsetzt. Über seine Arbeit wurde national und international in Radio, Fernsehen und Zeitschriften berichtet.

Er wurde in Kalifornien geboren und hat an der Brigham Young University studiert. Er lebt zusammen mit seiner Frau und seinen zwei Kindern in Lehi (Utah).

Der Zeichner

Elijah Stanfield ist Inhaber des Medienunternehmens Red House Motion Imaging in Washington.

Er beschäftigt sich seit langem mit der Österreichischen Schule der Nationalökonomie, mit Geschichte und mit der Philosophie des klassischen Liberalismus. Mit großem Engagement widmet er sich der Verbreitung der Ideen von freien Märkten sowie der persönlichen Freiheit. Für die Kampagne zur Bewerbung des libertären Politikers Ron Paul als amerikanischer Präsident im Jahr 2012 hat er acht Videos produziert. Er lebt mit seiner Frau und ihren fünf Kindern in Richland (Washington).

Besucht uns auch auf TuttleTwins.com
oder kinder-der-freiheit.com!

Glossar

Demagoge: Ein Politiker oder Anführer, der Macht kriegt, indem er die Ängste, Emotionen und Vorurteile der Menschen ausnutzt.

Ausbeutung: Andere auf eine unfaire und egoistische Art und Weise ausnutzen.

Angstmacherei: Das Schüren von unnötiger Angst, meist, um diese Ängste der anderen für sich selbst auszunutzen.

Ignoranz: Zustand, bei dem man unaufmerksam, schlecht informiert oder ungebildet ist, und sich nicht bemüht, das zu ändern.

Rezession: Ein deutlicher Abschwung der Wirtschaft, der oft mit Arbeitslosigkeit und Unternehmenspleiten verbunden ist.

Zuschüsse: Geld, das von der Regierung verteilt wird, in der irrigen Hoffnung, die Wirtschaft wieder in Schwung zu bringen.

Trojanisches Pferd: Eine Sache, die so wirkt, als wäre sie nett und freundlich gemeint, dabei aber tatsächlich sehr schädlich ist.

Fragen zur Diskussion

1. Warum will die Regierung, dass die Menschen Angst haben?
2. Warum nennen wir den Staat auch den Leviathan?
3. Sollte man bei Problemen Politiker und den Staat um Hilfe fragen? Oder ist es schlauer, andere Menschen um Hilfe zu bitten?
4. Sollten wir den Zeitungen und dem Fernsehen glauben, wenn sie sagen, dass wir vor etwas Angst haben müssen?

Mehr Fragen, Lernaufgaben und Rätsel gibt es im zugehörigen Arbeitsheft. Erhältlich unter www.kinder-der-freiheit.com